Tout le monde pêche

Quel est le passe-temps préféré… entier?

La natation?

Les jeux vidéo?

…ootball?

Non, c'est … la pêche!

Je m'en vais!

tout le monde pêche	everyone fishes
le passe-temps préféré	the favourite hobby
le monde entier	the whole world
la natation	swimming
la pêche	fishing
je m'en vais	I'm off

En France aussi, la pêche est un passe-temps très populaire. Un Français sur douze est pêcheur.

aussi	too
sur douze	out of twelve
au secours!	help!

Le matériel du débutant

Voici le matériel du débutant:

Combien ça coûte? Entre 125 et 200 francs.

Des appâts excellents - et pas chers!

---

le matériel	equipment
du débutant	for beginners
combien ça coûte?	how much does it cost?
entre	between

Les différentes sortes de pêches

Il y a différentes sortes de pêches - par exemple:

la pêche à l'anglaise (avec une canne de 3 à 4 mètres et un moulinet)

la pêche au lancer (avec une canne courte de 2 mètres, un moulinet et un appât métallique)

---

la pêche à l'anglaise	reel fishing
la pêche au lancer	spinning

la pêche à la mouche (avec une canne de 2 mètres et une ligne lourde). Ce matériel est très cher.

L'équipement cher ne garantit pas le succès!

---

la pêche à la mouche	fly fishing
lourde	heavy
cher	expensive
ne garantit pas	doesn't guarantee

Tu as besoin d'un permis?

Attention! Tu as peut-être besoin d'un permis pour pêcher en France.

Le cours d'eau se jette dans la mer? Oui? Alors, tu as besoin d'un permis.

---

tu as peut-être besoin	you may need
un permis	licence
le cours d'eau	stream or river
se jette dans la mer	flows into the sea
alors	then

L'eau vient d'une source? C'est de l'eau de pluie?
Oui? Alors pas de permis! Et pas de permis
pour la pêche en mer!

l'eau vient de...?	does the water come from...?
une source	a spring
l'eau de pluie	rain water

Records du monde!
Les poissons d'eau douce:

- le plus vieux: Fred, un poisson rouge anglais, mort en 1980 à l'âge de 41 ans.
- le plus cher: une carpe japonaise, vendue pour 17 000 000 yen, en 1986.
- le plus féroce: le piranha sud-américain.

---

les poissons d'eau douce	freshwater fish
le plus vieux	the oldest
mort	died
vendue pour	sold for
féroce	ferocious
sud-américain	South American

Les poissons de mer:

- le plus grand: le requin-baleine (océans Pacifique, Atlantique et Indien). Il mesure 12,70 mètres de long et il pèse 15 tonnes.

- le plus petit: le gobie (Océan Indien). Il mesure 8,5 millimètres de long.

- le plus venimeux: le poisson-pierre (Océan Pacifique). Ne touche pas aux épines!

---

le requin-baleine	whale shark
il pèse	it weighs
le plus venimeux	the most poisonous
le poisson-pierre	stonefish
ne touche pas aux épines	don't touch the spines

C'est bizarre!

Les enfants de l'hippocampe se développent dans le corps du papa!

L'épinoche est aussi un très bon papa. Il surveille les œufs et les enfants. Il ramène les enfants au nid dans sa bouche!

---

l'hippocampe	seahorse
le corps	body
l'épinoche	stickleback
il surveille les œufs	he looks after eggs
il ramène	he brings back
au nid dans sa bouche	to the nest in his mouth

Attention! Ce n'est pas un légume! C'est un concombre de mer. C'est un cousin de l'étoile de mer.

L'anguille tremblante sud-américaine donne un choc maximum de 650 volts ... aïe!

un légume	vegetable
un concombre de mer	sea cucumber
l'étoile de mer	starfish
l'anguille tremblante sud-américaine	electric eel South American

Records de pêche!

En 1967, un Belge, Jacques Isenbaert, attrape 652 poissons en trois heures!

---

un Belge	Belgian man
attrape	catches

En 1959, un Australien, Alf Dean, attrape un grand requin blanc – 5,13 mètres et 1208 kilos!

As-tu la patience d'un pêcheur?
Fais ce test.

1 Ton bus est en retard.
   a Tu attends patiemment.
   b Tu vas à pied.
   c Tu dis «Oh, là, là! Il est toujours en retard!»

2 Il est une heure du matin. Tu ne dors pas.
   a Tu restes au lit.
   b Tu vas boire dans la cuisine.
   c Tu regardes par la fenêtre.

3 Pour toi, une journée idéale c'est:
   a écouter de la musique avec une douzaine de copains.
   b une promenade à la campagne ou au bord de la mer.
   c aller au cinéma avec un ou deux copains.

4 Tu pars en vacances avec ta famille. Le voyage dure cinq heures.
   a Tu lis un livre. Tu rêves. Le temps passe vite.
   b Tu discutes et tu ris avec les autres. Le temps passe vite.
   c Cinq heures! Quelle horreur!

---

en retard	late
tu attends	you wait
à pied	on foot
une journée idéale	an ideal day
une douzaine	a dozen
une promenade	a walk

5 Ton animal préféré, c'est:
  a le chien.
  b le poisson rouge.
  c le lion.

6 Tu rêves d'être une star – plus particulièrement:
  a champion(ne) de sport.
  b acteur/actrice.
  c peintre ou photographe.

Compte tes points.

Question	a	b	c
1	3 points	1 point	2 points
2	3 points	1 point	2 points
3	1 point	3 points	2 points
4	3 points	2 points	1 point
5	2 points	3 points	1 point
6	1 point	2 points	3 points

Tu as entre 6 et 8 points: Aïe! Tu n'es pas patient(e).

Tu as entre 9 et 13 points: Tu n'es pas toujours patient(e), mais ça va.

Tu as entre 14 et 18 points: Tu es très calme et très patient(e)!

---

dure	lasts
tu rêves	you dream
le temps	time
vite	quickly
tu ris	you laugh
peintre	painter

Regarde ce dessin en morceaux.
Qu'est-ce qu'il représente?
Choisis A, B ou C.

A Le poisson le plus vieux: Fred, un poisson rouge anglais, mort en 1980, à l'âge de 41 ans.

B En France aussi, la pêche est un passe-temps très populaire. Un Français sur douze est pêcheur.

C Attention! Tu as peut-être besoin d'un permis pour pêcher en France.